초등학생의 진로와 직업 탐색을 위한
잡프러포즈 시리즈 56

출판번역가는 어때?

초등학생의 진로와 직업 탐색을 위한 잡프러포즈 시리즈 56

출판번역가는 어때?

이세진 지음

TalK SHOW

차례

CHAPTER 01 출판번역가 이세진의 프러포즈

CHAPTER 02 출판번역가의 세계

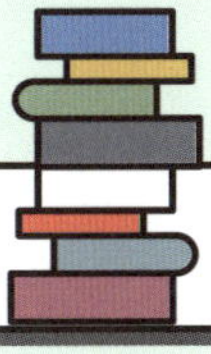

CHAPTER 03 출판번역가가 되려면

CHAPTER 04 출판번역가가 되면

CHAPTER 05

출판번역가의 매력

CHAPTER 06

출판번역가의 마음가짐

CHAPTER 06

출판번역가 이세진을 소개합니다

CHAPTER 07

10문 10답

CHAPTER 08

나도 출판번역가

CHAPTER. 01

출판번역가 이세진의 프러포즈

출판번역가 이세진의 프러포즈

외국어로 책을 읽는 즐거움을 평생의 일로 삼기를 꿈꾸는 어린이 여러분, 반갑습니다. 출판번역가 이세진입니다. 독서 인구는 갈수록 줄어들고 있지만 책에서 얻을 수 있는 특별한 기쁨을 소중히 여기는 사람들은 언제나 있을 테지요. 산업의 구조와 인간의 노동이 하루가 다르게 변화하는 이 시대에 책의 미래, 번역이라는 일의 전망을 논하기는 쉽지 않지만 저는 출판 번역이 어떤 사람에게는 천직이 될 수 있다고 생각해요.

자신이 좋아하고 실제로 즐기는 일은 모든 것을 뛰어넘을 힘을 불어넣습니다. 직업이 우리 삶에 주는 의미가 있으면 지루한 일상에 압도당하지 않고 그 속에서 안정감과 아름다움을 느낄 수 있지요. 저는 출판 번역이 그런 직업일 수 있다는 것을 경험으로 알고 있답니다.

또한 출판 번역은 자기계발을 따로 하지 않더라도 다양한 책을 작업하면서 새로운 것을 배우고 자신이 잘못 알고 있었던 것, 과거에는 옳았지만 더 이상 그렇지 않은 것, 개인적인 고정관념이나 편견 등을 계속 돌아볼 기회를 던

져줍니다. 사람들과 직접 부딪히고 몸을 움직이면서 얻는 배움은 상대적으로 부족할지 모르지만 흔히 생각하는 것처럼 늘 똑같은 일을 하거나 정신적으로 늘 그 자리에 머무는 것은 아닙니다. 오히려 나이가 들어서도 새로운 생각들을 접하고 조금씩 성장하는 기분을 느낄 수 있다는 점이 출판 번역의 매력이지요.

번역 출판 생태계가 앞으로 어떻게 변할지 모르지만 이 직업에 호감이나 매력을 느끼는 어린이들에게 이 책이 하나의 길잡이가 되기를 바랍니다.

- 출판번역가 이세진

CHAPTER. 02

출판번역가의 세계

2장에서는?

우리가 외국에서 나온 책을 읽으며 자연스럽게 글의 의미와 재미, 감동을 느낄 수 있는 것은 출판번역가 덕분이에요. 외국어 책을 우리말 책으로 번역하는 일은 선택의 연속으로 어디에 초점을 두고 어떤 역어를 선택하는지에 따라 책이 달라진다고 해요. 왜 그런지 번역가가 일하는 과정을 따라가 보아요.

외국어 책을 우리말 책으로 옮기는 직업

출판 번역은 외국어로 쓰여있는 책을 우리나라 사람이 읽고, 이해하고, 지식을 얻거나 감동을 얻을 수 있도록 우리말 책으로 옮기는 일이에요. 이때 번역할 외국어를 출발어라 하고, 우리말을 도착어라고 해요. 여기서는 '출판'이라는 데 강조점이 있어요. 그 이유는 책으로 출판되는 문장은 일상에서 주고받는 입말은 물론, 블로그나 인스타그램 등 인터넷에서 볼 수 있는 문장이나 상품 설명서의 문장과 다르기 때문이에요. 출판 번역은 어느 정도 표준화된 틀이 있어요. 가장 큰 차이는 정제된 표현이라고 할 수 있을 것 같아요. 원문의 의미와 느낌은 살리되 우리말 문장으로 자연스러워야 하고, 외래어 표현을 그대로 쓰기보다는 국어 순화를 염두에 두어야 하지요. 그리고 문체와 어휘의 미묘한 차이를 고려하여 원문의 분위기를 전달해야 해요. 문장을 구사하는 능력도 필요하고 문법적 지식, 외래어 표기나 출판물 양식에 대한 지식도 필요합니다.

번역은 적절한 역어를 찾기 위한 선택의 연속

외국어와 우리말은 서로 딱 맞아떨어지지 않아요. 어떤 외국어 단어에 해당하는 우리말은 여러 단어가 있을 수도 있고 아예 없을 수도 있어요. 거꾸로 어떤 우리말 단어에 해당하는 외국어 단어를 찾을 수 없는 경우도 있고요. 예를 들어 에스키모어에는 눈을 가리키는 단어나 눈이 내리는 상황에 관한 표현이 우리말과는 비교할 수 없을 정도로 풍부하다고 해요. 또 우리말에는 색깔과 관련한 부사가 많은데 외국은 그렇게까지 많지 않아요. 파란색을 표현한 단어의 예를 들어볼게요. 영어나 프랑스어는 파란색에 사물의 이름을 붙여서 색의 다름을 표현해요. 'Turkish Blue - 터키시 블루(터키풍의 파란색)'나 'Metallic Blue - 메탈릭 블루(금속성 파란색)'처럼 특정한 파란색의 특정한 색조나 질감을 표현한 단어들이 있는데, 우리말은 같은 색이라도 전혀 다른 방식으로 표현하지요. 문화적 차이에서 발생한 언어적 차이인 거죠. 이렇게 언어와 언어 사이, 문화와 문화 사이에 늘 어떤 간격이나 틈새가 있기 때문에 우리말로 옮길 때는 현재 다루는 맥락에서 가장 중요한 것이 무엇인지를 고려해야 해요.

번역가에게는 다소 수동적인 이미지가 있지요? 하지만 번역가는 주체적으로 판단하고 선택하는 사람이랍니다. 원문과 우리말 사이에서 항상 갈등하고 선택하는 사람이 번역가인데요. 번역가가 다루는 출발어가 무엇이냐에 따라서도 선택이 달라지곤 해요. 예를 들어, 일본어는 유럽어만큼 우리말과의 언어적, 문화적 간격이 크지 않아요. 그런데 영어나 프랑스어, 독일어 같은 서양의 언어는 명사 중심의 언어이고 우리말은 동사 중심의 언어라는 큰 차이가 있어요. 또 프랑스어는 영어보다 관념적인 추상명사가 더 많아요. 그래서 프랑스에서는 대중적인 책인데도 우리말로 번역해 놓으면 그렇게 대중적인 느낌이 안 나올 때가 많아요. 번역가는 원작의 대중성을 살리기 위해 나름대로 고민하고 선택을 해야만 하지요. 한편, 원문의 통사 구조가 우리말에는 낯선 것이어도 그 낯섦이 좋아서 살리고 싶을 때도 있어요. 거기에 우리의 사유를 자극하는 어떤 것이 있을 수도 있으니까요. 이러한 고려 사항들을 두고 번역가는 매 순간 판단하고 선택을 한답니다.

먼저 정해야 할 것은 번역의 방향

번역할 책을 받으면 먼저 출판사 편집자와 번역의 방향을 정해요. 책의 성격에 따라, 또 독자층에 따라 번역의 방향이 조금 달라질 수 있어요. 방향을 결정할 때는 출발어에 힘을 주어야 하는 책인가, 도착어에 힘을 주어야 하는 책인가, 내용 전달이 중요한 책인가, 저자의 문체와 사상이 중요한 책인가, 독자를 배려해야 하는 책인가, 아니면 읽을 사람은 읽을 것이라고 예상하고 독자의 역량에 맡겨야 하는 책인가 등을 고려해요. 그에 따라 각주를 많이 달아서 독자의 이해를 도울 것인가, 독자가 접근하기 좋게 문장을 많이 풀어서 쓸 것인가도 결정돼요.

저자가 특히 중요한 책이 있어요. 문체가 중요한 작가, 독자들이 작품 세계를 뚜렷이 알고 있는 작가라면 그 작가의 개성과 분위기를 최대한 살려야 해요. 독자를 어느 정도 배려하기는 하지만 그런 책에서는 모호한 것을 굳이 명쾌하게 하려 하지 않아요. 그런 부분도 저자의 의도일 수 있으니까요.

도착어에 초점이 있다는 말은 한국어 구사력이 중요하다는 말이에요. 청소년책이나 어린이책이 그런 경우죠. 특히 어린이책은 글말뿐만 아니라 입말에도 힘을 실어야 해요. 실제로 번역한 글을 읽으면서 운율이 느껴지는지, 의성어와 의태어는 적절한지 등을 확인하고요. 어린이책 편집자들은 원문에 없는 의성어, 의태어도 번역에 집어넣는 편이 우리말의 특성상 적합하다고 보기도 해요. 예를 들어 원문은 그냥 '가슴이 뛰었다'라는 문장인데 그 연령대 독자가 사용하는 말에 가깝기 위해서, 또한 입말의 재미를 위해서 '가슴이 콩닥콩닥했다'라고 할 수 있는 거죠. 또 어떤 어린이책은 어른과 아이가 퍼포먼스를 하면서 읽게 되잖아요. <사과가 쿵!>이라는 그림책을 읽다 보면 저절로 사과가 묵직하게 떨어지는 모양을 손짓으로 표현하게 돼요. 그래서 이런 책을 만나면 그 느낌을 극대화하기 위해 편집자와 머리를 맞대고 궁리를 하지요.

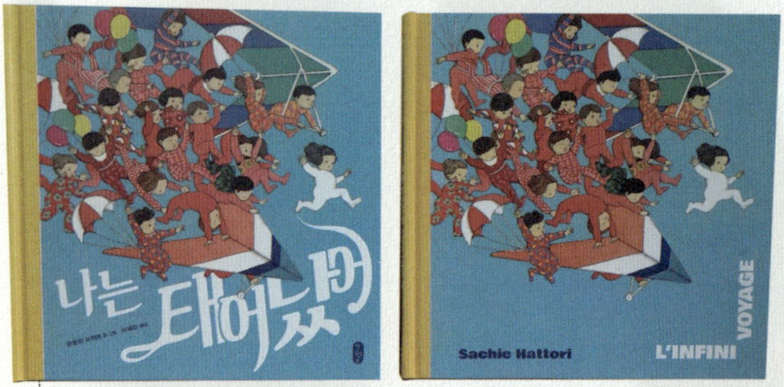

예쁜 글과 그림이 어우러진 책을 작업할 때는 특별한 즐거움이 있어요.

이탈리아어 원서와 프랑스어 번역본을 대조하면서 작업한 책.

장폴 뒤부아의 2019년 공쿠르상 수상작.

원문의 내용을 수정할 때도 있어요

외국 출판물을 국내에서 출판할 때 계약서에 현지 실정에 맞게 원문의 10퍼센트 내외에서는 수정이 가능하다는 조항을 두는 경우가 있어요. 그 나라에서는 보편적인 정서가 우리 문화에는 거부감을 불러일으키거나 실정과 맞지 않을 수 있거든요. 이러한 수정이나 삭제가 일반적이지는 않아요. 현지화를 위해 꼭 필요할 때만 그러한 조치를 취하지요.

저는 번역을 하면서 영문판과 프랑스어판을 비교해 보기도 하고, 어떤 때는 일본어판도 봐요. 일본어는 잘 모르지만, 한자어를 어떻게 썼는지 보려고요. 이렇게 비교하면 생각보다 원서와 번역서의 차이가 큰 나라들이 있어요. 목차를 바꿔놓았다거나, 원작에서는 프롤로그에 해당하는 맨 앞 꼭지가 영문판에서는 맨 뒤로 빠져 있는 등 편집자의 재량이 발휘된 부분들이 보이죠. 작가의 목소리가 중요한 문학은 잘 건드리지 않지만 비문학, 특히 실용서는 원문을 다소 수정해서 가독성을 높이거나 내용을 조금씩 끊어서 소제목을 달아보자고 편집자에게 제안하기도 해요.

우리말로 옮길 때는 바른 표현을 사용해요

번역가는 외국어를 우리말로 옮기는 일이면서, 바른 표현이 뭘까 항상 고민하는 사람이에요. 일단은 비문, 즉 구조가 잘못된 문장을 쓰지 않는 거예요. 사실, 요즘 사람들이 의식하지 않고 사용하는 우리말 표현 중에도 잘못된 것들이 꽤 많아요. '얇다/두껍다', '가늘다/굵다'의 쓰임을 예로 들어볼게요. 허리, 팔, 다리 등 원통형에 가까운 것의 지름이나 폭에 관해 이야기할 때는 '가늘다/굵다'로 표현하는 게 맞고 책이나 벽처럼 평평한 물체의 두께는 '얇다/두껍다'로 표현하지요. 그런데 요즘엔 '허리가 얇아', '팔이 두꺼워'라고 말하는 사람들이 굉장히 많잖아요. 물체의 모양과 특성에 따라 사용하는 표현이 달라야 하는데 구분하지 않고 쓰는 거죠. 여기에는 외국어의 영향도 있을 거예요. 가령 영어의 'thin'은 '얇다'와 '가늘다'라는 두 의미를 다 가지고 있잖아요. 장차 이러한 오용이 표준화된 표현으로 굳어질지 모르지만 그런 날이 오기 전까지는 출판번역에 바른 표현이 사용되어야 해요.

분야를 정할 수도 있고,
아닐 수도 있어요

번역가 중에는 분야를 정해 본인의 취향에 맞는 책만 선택하는 사람이 있고, 가리지 않고 다양한 분야의 책을 번역하는 사람이 있어요. 저는 다양한 책을 번역하는 쪽이에요. 제가 번역을 시작한 1990년대는 프랑스 문학이 많이 출판되어서 저도 문학 번역 작업을 주로 했어요. 그런데 시간이 지나면서 프랑스 문학보다는 인문, 예술, 과학 분야의 책 수요가 높아졌었어요. 학부 전공이 문학이 아닌 저는 원래 독서 취향이 잡식성이라 비문학도 즐겨 작업했어요. 어떤 분야를 작업하면 그 분야의 비슷한 책이 의뢰가 올 확률이 높아요. 그랬더니 뇌과학, 심리학, 철학, 수학과 같은 전문 분야의 비문학도 하고, 어린이책도 많이 하게 되었네요. 이렇게 된 데는 언어의 특성도 있어요. 영어 번역 출판 시장은 규모가 커서 어느 한 분야의 책만 번역하려면 그렇게 할 수도 있었어요. 그런데 프랑스어나 독일어 같은 제2외국어는 수요와 공급이 그렇게 크지 않아요. 제가 만약 문학 번역만 고집했다면 원하는 만큼 일을 많이 할 수 없었을지도 모르겠네요.

책을 읽는 호흡을 선택하고 구현해요

번역 작업을 하는 스타일은 사람마다 다르죠. 저는 번역 의뢰가 들어오면 일단 처음부터 끝까지 빠르게 읽어요. 중간에 모르는 단어가 있거나 문맥이 조금 이해가 되지 않아도 그냥 쭉 읽으면서 그 책을 파악해요. 독자의 입장에서 느끼는 글의 인상이나 리듬감이 있잖아요. 문체가 고압적인지 친절한지, 문장의 호흡이 빠른지 느린지, 작품의 분위기가 밝은지 어두운지…… 그리고 번역을 하면서 그 느낌을 가급적 가져가려고 해요. 그런데 이런 느낌이나 인상은 주관적인 거예요. 그러니까 같은 작품이어도 누가 번역했는가에 따라 결과물의 느낌이나 인상은 달라질 수 있어요.

그리고 저에게는 이 읽기의 과정이 초벌 번역 비슷한 역할을 해요. 책을 읽으면서 중요한 개념과 역어, 찾아봐야 할 참고 도서나 자료 등을 메모해 놓고 본격적으로 한 문장씩 우리말로 옮길 때 참고해요. 이렇게 번역을 끝내면 초고가 나와요. 저는 초고가 완성되면 고칠 게 많지 않은 편이에요. 앞에 있는 문제를 해결하지 못하면 앞으로 나아가지 못하는 사람이 있잖아요. 제가 그런 성향이라 문제가 있으면 꼭 해결하고 넘어가야 해요. 심지어 어떻게 번역하는 게 좋을지 결정하지 못해서 표시해 놨다가도 해결 방법이 보이면 그 즉시 앞으로 돌아가서 수정해요. 그래서 초고가 완성됐을 때는 해결하지 못한 부분이 거의 없고 그냥 쭉 읽어 보기만 하면 되는 정도예요.

앞에서도 얘기했듯이 저는 독자로서 처음에 책을 편하게 읽어 나갈 때 느꼈던 인상이나 중요한 쟁점을 번역에 잘 반영하고 싶어 해요. 그런데 이게 마음처럼 되지 않을 때도 많아요. 예를 들어 작가의 문체가 거칠고 어색하다고 느껴져서 그런 쪽으로 번역하고 싶은데 출판사는 가독성 있고 매끄러운 번역문으로 바꾸고 싶어 할 수도 있어요. 그럴 때는 편집자와 협의해서 나은 방향을 찾아가야 해요. 하지만 번역의 문체를 결정하는 것, 즉 책을 읽는 호흡을 선택하고 구현하는 것은 원칙적으로 번역가의 몫이에요.

기본적으로 재택근무를 하지만 가끔은 도서관이나
단골 책방에서 작업을 합니다.

CHAPTER. 03

출판번역가가 되려면

3장에서는?

출판번역가가 되고 싶다면 당연히 책을 좋아하고 외국어 공부를 해야겠죠? 하지만 단순히 좋아한다는 것만으로는 직업을 삼을 수 없어요. 이 직업에 관심이 있다면 지금 어떤 준비가 필요하고, 미래에 어떤 노력을 해야 하는지 구체적으로 알아보아요.

책을 좋아하고,
혼자 있는 시간을 견뎌야

출판번역가는 무조건 책을 좋아해야 해요. 단순히 읽는 행위가 좋다는 정도가 아니라 책이라는 매체를 좋아하고, 책의 호흡을 즐기고 거기에 익숙할수록 일을 하기가 수월해요. 그래서 책에 대한 사랑은 아무리 강조해도 지나치지 않은 것 같아요.

그리고 혼자 있는 시간을 견딜 수 있어야 해요. 오랜 시간 아무 말 없이 혼자 지내기를 힘들어하는 사람은 좀 맞지 않아요. 출판 번역은 온종일 책상 앞에 앉아서 혼자 책을 보고, 저자와 텍스트에 대해 생각하면서 하는 일이에요. 물론 번역가 중에도 바깥 활동을 좋아하고 사람들과 대화하면서 스트레스를 풀고 삶의 에너지를 얻는 사람도 있어요. 하지만 그럴수록 일과 생활의 균형을 잘 맞춰야 하지요. 번역가도 때로는 편집자와 회의를 하거나 독자와의 만남을 가지며 외부에서 좋은 자극을 얻기도 하지만 기본적으로 혼자 시간을 보낼 때가 많아요.

꼼꼼함, 집요함, 책임감이 필요해요

책에 따라서는 저자의 다른 책을 읽어봐야 한다거나, 주제와 관련된 다른 책이나 영상 자료를 많이 찾아봐야 하는 때도 있어요. 전문 용어를 찾거나 문맥을 이해하기 위해 웹 검색도 많이 하는데, 제2외국어로 검색하면 원하는 자료가 안 나올 때가 많아서 영어로 옮겨서 검색하고, 그것을 한국어로 옮겨보면서 적절한 역어를 찾기 위해 노력해요. 이럴 때 꼼꼼함이랄까, 집요함이랄까, 그런 마음 자세로 품을 들일 줄 알아야 해요.

인내심도 필요하지만, 적합한 역어를 찾을 때까지 끈질기게 붙들고 있을 수 있는 책임감이 있어야 해요. 수학 관련 책을 옮길 때였어요. 대한수학회 홈페이지에 들어가서 수학 용어를 찾았는데 영어-한국어로만 정리되어 있더라고요. 프랑스어를 영어로 옮겨서 찾았는데 안 나오는 것도 있었어요. 그때 제가 외국어를 우리말로 옮기는 건지, 프랑스어-한국어 수학 용어 체계를 만드는 건지 헷갈릴 정도였죠. 그런데 책이라는 건 한 번 나오면 정정하기가 힘든 부분이 있어서 책임감이 생길 수밖에 없답니다.

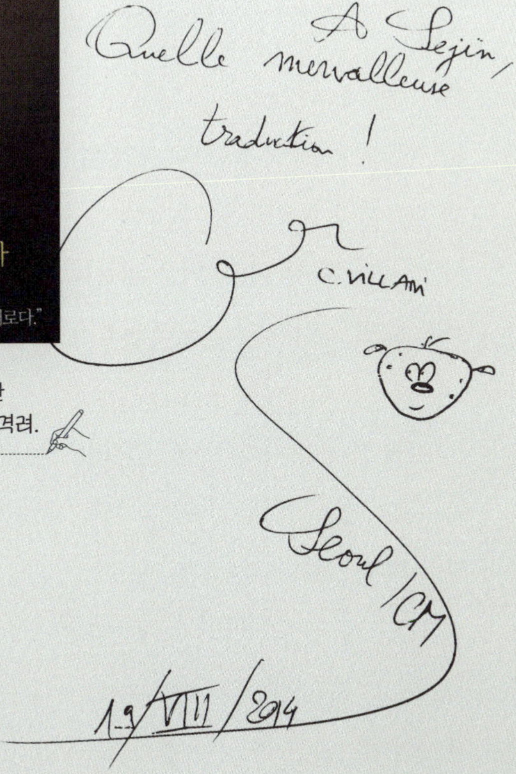

2014년 서울 세계수학자대회에 방한한
필즈상 수상자 세드릭 빌라니의 서명과 격려.

최선의 준비는 다독, 다작, 다상량!

예로부터 글을 잘 쓰려면, 또는 학문을 쌓으려면 다독, 다작, 다상량을 해야 한다는 말이 있지요. 뻔한 얘기로 들리겠지만 이보다 더 좋은 방법은 지금도 없는 것 같아요. 제가 앞에서 얘기했듯이 이 일은 책을 진심으로 좋아하지 않으면 할 수 없는데, 책을 진심으로 좋아하는 방법이 뭐겠어요? 책을 많이 읽고, 책을 읽는 즐거움을 발견하는 게 아닐까요? 결국 어린 시절에 할 수 있는 준비는 책을 많이 읽는 거예요.

다독, 책을 많이 읽으면 문해력이 높아지지요. 지금도 책을 좋아하는 아이들이 있지만 제가 어렸을 때는 정말 책에 푹 빠져 사는 아이들이 많았답니다. 그때는 인터넷도 없고, 게임도 별로 없고, 오락거리로 볼만한 영상물도 다양하지 않았기 때문에 책 읽기가 세상에서 제일 재미있는 일이었어요. 출판번역가가 되고 싶은 사람은 책과 친해야만 해요. 그리고 한 분야의 책이 아니라 자기에게 조금 익숙지 않은 종류의 책도 다양하게 읽으면 좋겠어요. 많이 읽기 못지않게 다양하게 읽기, 깊게 읽기, 비판적으로 읽기도 중요하고요.

다작, 글을 많이 써봐야 해요. 번역도 결국 글을 쓰는 것, 문자 언어를 통하여 소통하는 것이니까요. 글을 쓴다고 하면 내가 하고 싶은 이야기를 멋지게 쓰는 것으로 생각할 수도 있어요. 그런데 글을 썼는데 읽는 사람이 무슨 말인지 모르겠다고 하면 그게 잘 쓴 글일까요? 특히 번역문은 독자가 이해할 수 있도록 써야 해요. 그 능력을 키우기 위해서 다양한 분야의 책을 읽어보라고 하는 거예요. 출판번역가는 외국어를 우리말로 옮기는 수준에 머물러서는 안 돼요. 그 정도의 수준은 AI 번역으로도 충분해요. 출판번역가가 존재하는 이유는 우리말로 잘 쓰인 동시에 읽는 사람을 생각하는 글이 필요하기 때문이에요. 이건 외국어를 잘하고 못하고의 문제가 아니에요. 외국어를 잘하는 게 중요하지만, 우리말로 글쓰기를 싫어한다면 이 일을 하기 어려워요.

다상량은 왜 중요할까요? 출판 번역을 하려면 책이 관통하는 주제, 그 주제를 다루는 데 필요한 개념들, 전달 방식의 효율성을 파악할 수 있는 통찰력이 있어야 해요. 책을 읽으면서 문장이 전달하는 내용이나 혹시 있을지 모르는 숨은 뜻, 그러한 이야기가 나오게 된 배경 등을 생각해 보아야 하고요. 책을 읽었다고는 하는데 글자 너머에 있는 어떤 것을 파악하지 못하는 사람도 있어요. 그런 상태에서는 그 책을 번역해서 누군가에게 전달하기가 어렵겠지요.

번역가가 되어서 내가 좋아하는 책만 고를 수 있는 것은 아니에요. 상황에 따라 받게 되는 일도 있어요. 그래서 다양한 책을 접해본 경험이 중요해요. 저자가 왜 이런 글을 썼을까 생각해 보는 경험 말이에요. 정리하자면 다독은 문해력, 다작은 커뮤니케이션 능력, 다상량은 책에 관한 관심 및 이해와 관련이 있어요.

어떤 전공이든 괜찮아요

번역가가 되기 위해 어떤 전공을 해야 한다는 건 없어요. 본인의 의지와 능력이 중요하니까요. 그래도 언어를 다루는 일이기 때문에 국문학이나 문예창작, 혹은 외국 언어와 관련된 전공을 하면 도움이 돼요. 국문학을 전공하면 언어에 관한 이론, 단어의 기원이나 쓰임을 배워요. 일반인들이 회화에서 쓰지 않는 단어들도 많이, 깊이 알 수 있죠. 그래서 언어를 전공하면 분명히 이점이 있어요. 그런데 과학, 역사, 예술 등 배경지식이나 전문성이 필요한 분야의 번역을 하고 싶다면 관련 분야를 전공하는 것도 도움이 돼요. 출판 번역 시장에서 과학책이 차지하는 비중이 꽤 큰데, 문과 출신보다는 그 분야의 전공자가 좀 더 쉽게 작업할 수 있는 부분이 있고 결과물도 좋을 때가 많아요. 예술서도 마찬가지고요. 미술에 관한 책이 생각보다 수요가 많은데, 미술 전공한 사람이라면 배경지식을 바탕으로 더 이해하기 쉽게 번역하거나 각주나 해설을 작성할 수 있겠지요.

출판번역가를 위한 전문 교육기관이 있어요

번역가가 되고 싶은 사람들을 위한 대표적인 교육과정으로 통, 번역대학원이 있어요. 이러한 대학원에 진학하려면 언어 선택을 먼저 해야 해요. 우리나라에서 가장 많은 언어를 다루는 대학원은 한국외국어대학교 통, 번역대학원으로 영어, 프랑스어, 독일어, 러시아어, 스페인어, 중국어, 일본어, 아랍어, 이렇게 8개 학과가 개설되어 있어요. 영어, 중국어, 일본어는 통, 번역의 수요가 많아서 대부분의 통, 번역대학원에서 전공할 수 있지만 그 외 언어를 전공하고 싶다면 그 학과가 있는 대학원을 선택해야 하죠.

대학원이 아니라도 전문적으로 번역을 가르치고, 실습하면서 일과 연계하는 시스템을 가진 교육기관이 꽤 많이 있어요. 이런 교육기관은 번역 에이전시와 연계된 곳이 많아서 출판번역가가 알아야 할 교정과 편집 등 실무를 배우고 난 후에 일할 기회를 제공하는 것으로 알고 있어요. 수강생 모두가 일자리를 얻는 것은 아니지만 본인의 역량을 발휘하면 일할 기회는 열려 있답니다.

드물게 번역에 대한 강연을 하기도 합니다. 이 일에
대한 사람들의 관심을 느낄 수 있는 자리이지요.

출판번역가가 되는 길은 다양해요

제가 번역을 시작했던 1990년대는 외국어를 전공한 대학생이나 대학원생이 우연히 출판사와 연이 닿아서 아르바이트를 시작하거나, 교수님이 교재로 사용하는 책의 번역을 돕거나 해서 시작한 경우가 많아요. 그런데 2000년대가 되면 통, 번역대학원이나 사설 아카데미처럼 전문적인 교육기관에서 배우고 나서 번역가의 길로 들어선 사람들이 많아요. 번역가를 꿈꾸는 사람들이 스터디 모임을 꾸려서 공부하고, 번역한 결과물을 인터넷 카페 같은데 올리면 번역 의뢰가 들어오기도 했고요. 또 출판사 편집자나 출판 에이전시 등 출판계에 몸담고 있다가 번역가로 전업한 사람들도 있어요. 번역은 외국어 실력도 갖춰야 하지만 우리말 문장력도 필요한 일이에요. 그래서 편집 일을 하면서 문장을 쓰고 교정하는 훈련이 되어 있는 사람은 유리한 점이 있지요. 그리고 어떤 책을 번역하고 싶다고 본인이 기획서를 써서 출판사에 지원하는 방법도 있어요. 이렇게 적극적으로 출판사의 문을 두드려보는 게 요즘은 더 나은 것 같기도 해요. 어떤 방법이든 시도해 보면서 자신만의 길을 찾아내는 거죠.

서점에서 자신의 역서를 발견할 때는 군중 속에서
아는 얼굴을 찾은 기분이 되지요.

CHAPTER. 04

출판번역가가 되면

4장에서는?

한 권의 책을 번역한 사람은 많아도 직업적인 번역가가 되는 사람은 드물어요. 여러 어려움을 뚫고 번역가가 되면 또 어떤 일들이 기다리고 있을까요? 번역하면서 마주하게 되는 선택의 순간들, 직업인으로서 해야 하는 일들, 알아야 할 일들은 무엇인지 알려드려요.

외국어 사투리는 어떻게 번역하나요?

문학작품 안에 사투리가 섞여 있는 건 자연스러운 거예요. 그런데 외국 문학 속 사투리를 번역하는 건 상당히 어려워요. 외국 사투리를 우리나라 사투리 중 하나로 번역하는 것도 하나의 선택이에요. 하지만 외국 배경의 이야기에 우리나라 사투리가 나오니까 거슬린다는 의견도 있죠. 다른 하나는 원문에 나오는 음성적 특성을 살려서 옮기는 거예요. 독일어의 억양이 있는 프랑스어라면 독일어 발음의 특징인 '흐', '해스', '콰'와 같은 어미를 넣는 방식으로 번역하기도 해요. 예를 들면 독일인이 프랑스어로 말하는 "밥은 드셨습니까?"를 "밥은 드셨으니콰?"로 하는 거죠. 독일어 악센트가 두드러지는 프랑스어를 이렇게 표현하는 것 또한 독자의 호불호는 갈리지만 하나의 정당한 선택일 수 있어요. 만약에 이렇게 말하는 인물의 대사가 적다면 '독일어 억양이 심한 프랑스어를 구사한다'라는 문장을 앞에 제시하고 대사는 표준어로 쓸 수 있어요. 그런데 대사가 많을 때 계속 표준어로 표현한다면 원문과 느낌이 많이 달라지잖아요. 그 느낌을 살려야 한다면 이런 선택도 충분히 합리적이지요.

어떤 경우에 외래어를 그냥 쓰나요?

의미 전달을 정확하게 하려고 번역하지 않고 외래어를 그냥 쓰는 경우가 있어요. '마이크로어그레이션Microaggression'이라는 용어는 일상적인 대화나 행동 속에서 무의식적이거나 은밀하게 나타나는 작고 미묘한 차별적 언행을 의미해요. 주로 인종, 성별, 성적 지향, 장애, 나이 등의 사회적 정체성을 기반으로 타인에게 상처를 주거나 무시하는 방식으로 나타나는데, 이 단어가 한때는 '미소 공격'으로 번역되기도 했어요. '마이크로'는 아주 작다는 뜻이라 한 단어로 표현하면 '미소微少'가 되고, '어그레이션Aggression'은 보통 '공격'으로 번역하지요. 그런데 '미소'가 아주 작다는 뜻인지, 웃는다는 뜻인지, 미국과 소련을 줄인 말인지 빠르게 이해되지 않을 수 있긴 해요. 의미 전달이 빠르고 직접적이지 않아서인지 원어와 의미상의 차이가 있다고 보아서인지는 모르지만 지금은 그냥 '마이크로어그레이션'이라고 쓰는 추세예요.

번역할 수 없는 책도 있나요?

일례로, 문자를 그래픽처럼 구현해서 표현 수단으로 삼는 책도 있어요. 그런 책은 한글로 표현이 가능한지 그 여부를 고민하고 따져보고 판단해야 해요. 한글로만 표현할 수 있는 그래픽이 있듯이 알파벳이 아니면 불가능한 그래픽도 있어요. 어떻게 해도 비슷한 느낌을 살릴 수가 없는 언어라면 어쩔 수 없겠지요.

또 언어유희라고 하죠. 사람은 언어를 가지고 놀고자 하는 본능이 있어요. 드라마에서 '우영우, 역삼역'처럼 앞으로 읽어도 뒤로 읽어도 같은 단어를 나열하는 주인공을 보고 웃음이 나잖아요. 우리말로 다섯 글자 놀이라든가, 끝말잇기 등이 있는 것처럼 외국어도 언어유희의 성격이 강한 책이 있어요. 이런 책은 형식을 번역해야 하는 거예요. 여기서도 제일 중요한 것은 옮길 수 있는 것과 옮길 수 없는 것을 고민하고 따져보고 판단하는 거죠. 할 수 있다는 판단이 들면 어떻게든 표현하겠지만 너무 억지스럽게 번역하지는 않으려고 해요.

번역은 의미 표상, 즉 문장이 전달하고자 하는 바를 다른 언어로 옮기는 일이에요. 그런데 내용을 번역하면 형식을 맞출 수 없고 형식을 번역하면 내용을 고쳐야만 하는 책도 있긴 있어요. 정말로 형식이 중요한 책이라면 내용을 다소 수정해서라도 형식을 살려야겠지요. 흔하게 있는 일은 아니지만 그런 책이 가끔 있어요.

부천만화축제에 방한한 <설국열차> 작가들과 함께.

독자들을 만나는 북토크도 번역가가 참여하나요?

북토크는 출판사에서 기획하는 게 많고, 아주 드물게는 어떤 단체나 어느 도서관에서 책을 보고 강연을 해달라고 요청하기도 해요. 북토크는 사실 저자가 주로 하지요. 그런데 출판사 측에서는 외국에 있는 저자를 부르기는 어려운 상황이고, 책을 알리는 행사는 하고 싶으니까 저자를 대신해 이 책을 가장 잘 아는 사람이 번역가라고 생각해서 부르곤 해요. 제가 사람들을 만나거나 강연을 즐기는 성향은 아니지만 출판사의 요청이 있으면 적극적으로 협조해요. 어쨌든 책이 잘되어야 저도 계속 일할 수 있고, 독자들을 직접 만날 수 있는 뜻깊은 자리니까요.

북토크에서 독자들을 만나 그분들의 감상과 이해를 경청하고 질문에 답하는 경험 자체가 좋은 자극이 돼요. 제가 번역한 책을 통해 사람들과 연결되어 있음을 새삼 깨닫고 저의 감상과 이해를 공유하는 독자들을 발견하면서 좋은 기운을 많이 받아요. 어떤 북토크에서는 구체적인 작업 방향에 대한 실마리를 얻기도 하고요.

번역 출간된 책의 홍보도 하나요?

저는 SNS와 친하지 않은 사람이지만 출판사에서 독자와 소통하는 계정 하나는 있어야 한다고 권유해서 인스타그램 계정을 만들었어요. 주로 제가 작업한 번역서와 원서 사진을 찍어서 올리는 계정이에요. 원서가 저한테 못 온 경우는 번역서만 올리고, 작업한 책과 관련해서 중요한 이슈를 발견하면 그것도 올리고요. 그런 형식적인 포스팅도 축적되니까 저의 포트폴리오처럼 보이기도 해요. 그 정도만 해도 어쨌든 책이 노출되니까 출판사에서 좋아하더라고요.

사실 번역한 책에 관한 이야기를 SNS에 올리는 것도 책 판매에 도움이 되고, 더불어 그런 매체를 활용해서 자기 자신을 잘 알리는 번역가들도 있고요. 이런 책을 번역했다고 올리면 그것을 보고 해당 분야의 다른 책을 번역 의뢰하는 출판사도 있어요. SNS에 글을 재미있게 쓰는 사람이라면 에세이를 써서 책으로 출간하자는 제의도 받는답니다.

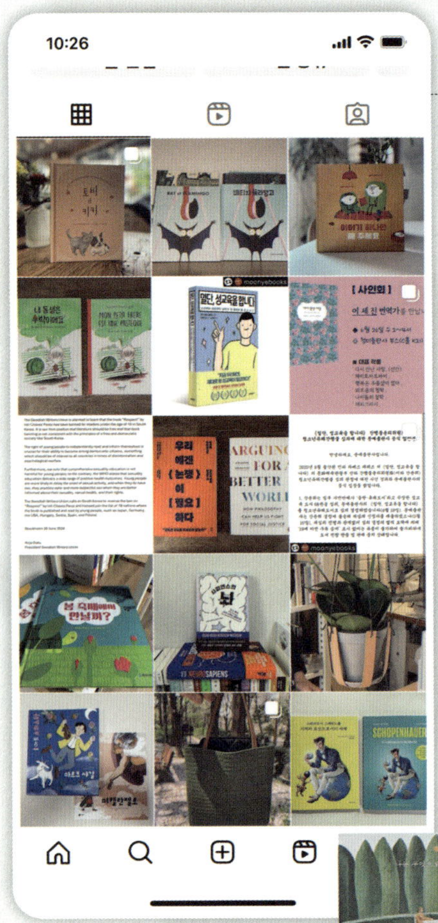

출간 역서 목록으로
쓰고 있는 인스타그램.

원서와 번역서를 나란히 놓고 보면 표지 디자인이나
제목이 어떻게 바뀌었는지 한눈에 알 수 있어요.

문화 책과 생각

읽고 쓰는 구석방에서 '나다운 사람' 되는 시간

'울리포' 프랑스어 번역의 어려움
작가 밉지만 도전 끝 보람 커
25년간 우직하게 매년 1만매 옮겨
가장 마음 편한 시간 포기 못해

수정 2022-03-04 09:21 등록 2022-03-04 05:00

[한겨레Book] 번역가를 찾아서 - 이세진 프랑스어 번역가

이세진 번역가를 성남시 분당구 정자동에 있는 독립서점이자 북카페 '좋은 날의 책방'에서 만났다. 자택 인근에 있는 이곳은 책을 사랑하는 그의 쉼터이자 또 다른 작업 공간이다.

두 달간 대마왕과 사투를 벌인 이세진 번역가의 표정이 뜻밖에 차분하다. 그는 지난 연말 출판사의 '초긴급' 요청을 받아 2020년 공쿠르상 수상작인 에르베 르 텔리에의 <아노말리>(L'Anomalie, 변칙) 번역에 매달렸고, 인터뷰 전날 원서의 맨 마지막 단어 'f-i-n-e'(세로로 쓰여 있다)를 'ㄲ — ㅌ'으로 옮겨 마무리한 뒤 출판사에 넘긴 참이다.

인터뷰는 번역이라는 일에 대한 관심을 느낄 수 있는 또 다른 기회이기도 합니다.

수입은 얼마나 되나요?

번역료를 받는 방식은 두 가지가 있어요. 인세 계약과 매절 계약인데요. 인세는 책이 팔리는 만큼 받는 것으로 출판사와 계약할 때 정가의 몇 퍼센트를 몇 년 동안 받기로 정해요. 작가의 인세 계약과 같아요. 번역가를 번역 작가로 생각하면 인세 계약을 하는 게 맞아요. 하지만 책이 팔리는 부수를 예측하는 게 어렵고, 요즘엔 팔리는 책의 부수가 적어서 인세 계약이 번역가에게 도움이 되지 않을 수도 있어요. 그래서 200자 원고지 1매당 얼마의 번역료를 지급하는 매절 계약을 해요. 외국은 단어 수로 번역료가 매겨지는데, 우리나라는 아직 200자 원고지 기준으로 받죠.

매절료는 번역가에 따라서, 언어에 따라서 차이가 있어요. 영어나 일본어에 비해 프랑스어나 독일어 번역료가 조금 높은 편인데 요즘엔 그 차이가 거의 없어진 듯해요. 번역가는 프리랜서이고 사람마다 또 언어마다 편차가 있기 때문에 일반적으로 얼마라고 얘기하기 어려워요. 이 일을 전업으로 한다면 현재는 보통의 직장인 정도의 수입이지 않을까 예상해요.

CHAPTER. 05

출판번역가의 매력

5장에서는?

외국어로 쓰인 책을 막힘없이 읽고 글의 느낌과 저자의 의도를 파악해 우리말 책으로 번역하는 출판번역가! 그 자체로 멋진 일이라 사람들의 부러움을 사는데요. 다른 사람들이 생각하는 이 직업의 매력뿐 아니라 이 일을 하는 사람만이 느낄 수 있는 진짜 매력을 여러분에게만 살짝 공개합니다.

직업 자체가 주는 매력이

바깥에서 보면 좀 멋있어 보이는 직업이에요. (웃음) 왠지는 모르지만 제 직업이 번역가라고 하면 굉장히 좋게 보는 시선, 특히 아이를 키우느라 일을 그만두고 경력이 단절된 여성들은 동경하는 듯한 반응을 보이곤 했어요. 집에서 아이를 돌보면서도 일할 수 있는 직업이라고 생각해서 그랬던 것 같아요. 자유롭게 일해서 좋겠다, 출퇴근 안 해서 좋겠다, 그런 말 많이 들었어요. 그런데 코로나19 시기에 재택근무가 하나의 근무 형태로 인정되면서 역설적으로 재택근무의 어려움도 좀 더 많은 사람이 알게 된 것 같아요. 사실 집에서 일한다는 게 쉽지 않거든요. 특히 아이가 어릴 때는 일과 양육 둘 다 망가지기 쉬워요. 그렇지만 본인이 어느 정도 일정을 조정할 수 있고 인간관계로 인한 감정 소모가 별로 없다는 점은 이 직업의 매력이 맞는 것 같네요.

다양하고 흥미로운 주제를 공부하는 즐거움도

이 일의 진짜 매력은 다양한 주제에 관해 공부하고 사유하고 알아가는 거라고 생각해요. 저는 몇 개월 전에 두 달 동안 이탈리아 르네상스 회화에 대해서만 생각했어요. 당시 화가들이 그림을 의뢰받으면 회화에 등장하는 인물 중 한 명의 얼굴에 본인의 자화상을 그려 넣었다는 내용의 책이었어요. 대표적으로 르네상스 시대 3대 화가로 꼽히는 라파엘로는 <아테네 학당>이라는 그림에 본인의 자화상을 그려 넣었어요. 50명 남짓한 인물이 등장하는데, 그중에 딱 한 사람이 관객을 바라보고 있어요. 그 인물이 바로 라파엘로 본인이었죠. 이 그림뿐만 아니라 당시의 그림 중에는 이렇게 관객을 바라보고 있는 인물이 꽤 있어요. 그 이유가 재미있어요. 당시의 화가들은 대부분 의뢰받아 그림을 제작했는데, 등장인물 중 한 명에 화가 자신을 끼워 넣는 방법으로 자신을 홍보했던 거예요. 그림 속에 관객을 바라보고 있는 인물이 있다면 그건 화가의 자화상일지도 몰라요. 또 성인, 의인, 영웅의 얼굴을 그림을 의뢰한 사람의 얼굴로 그리기도 했어요. 화가의 후원자를 빛나게 하려는 의도였죠. 성경 속에 등장하는 성인의 얼굴을 아는 사람은 아무도 없으니까 누구를 모델로 삼느냐는 화가의 재량이잖아요. 그런 방식으로 본인을 드러내고 후원자를 기쁘게 했던 거죠. 책의 내용 자체도 흥미로웠지만 번역하기 위해 인터넷으로 그림을 찾아보고, 책에 인용된 다른 책을 참조하면서 크로스체크를 하는 과정도 재미있었어요. 제가 분명히 아는 화가이고 많이 본 그림인데, 등장인물 중에 작가의 자화상이 있는 줄은 몰랐어요. 그런 것을 알고 나니 더 재미있었죠.

지금까지 다양한 주제의 책을 번역했어도 항상 새로운 주제가 있더라고요. 사실 책에 빠져 있으면 현실의 골치 아픈 문제를 잠시 잊어버릴 수 있는 장점이 있어요. 어떤 사람들은 현실을 잊기 위해 술에 탐닉하거나 드라마나 영화에 빠지잖아요. 저에게는 책 혹은 일이 현실에서 도피하는 수단이었는지도 몰라요. 책에만 빠져 살아서 세상 물정을 좀 모른다는 단점이 있기는 하지만 개인적으로는 그런 것도 썩 괜찮지 않나 생각해요. 일단 건전한 도피이고, 생계의 수단이고, 또 늘 배우는 게 있어요.

저자에게 존중받을 때의 뿌듯함

에르베 르 텔리에의 『아노말리』라는 소설이 있어요. 세계 3대 문학상인 공쿠르상을 수상한 책으로 프랑스에서만 110만 부가 팔리면서 세계적으로 유명해져서 여러 나라에서 번역 출간을 했어요. 그런데 이 책이 형식을 번역해야 하는 면이 있어서 몇몇 대목은 외국어로 번역하기가 참 어려운 책이에요. 그래서 여러 나라의 번역가들이 몇 달에 걸쳐 온라인으로 회의를 하고 그래도 풀리지 않는 문제는 저자에게 문의했어요. (참고로, 우리나라는 번역이 좀 늦게 시작됐기 때문에 저는 이 과정에 참여하지 않았어요.) 어쨌든 그때 저자가 번역가들의 지적을 통해 처음부터 설정 오류가 있다는 것을 발견하고 원작을 수정하기도 했죠. 번역가들을 통해서 원작의 오류가 발견되고, 그걸 반영해서 교정하게 된 거예요. 그분이 그런 과정을 경험하고서 번역가들이 정말 꼼꼼하게 책을 제대로 읽는 사람들이라는 걸 느끼셨대요. 그래서 번역가인 저를 존중해 주시고, 좋은 말씀도 많이 해주셨죠.

사실 저는 그 책의 출간이 임박했을 때 받았어요. 저자의 방한 일정이 넉 달 후인데, 그때부터 번역을 시작해서 편집, 교정, 출간, 홍보까지 끝내야 하는 상황이었어요. 그래서 아쉽게도 다른 나라 번역가들과 직접 소통하지는 못했어요. 하지만 그 사람들이 번역하는 과정에서 들었던 의문과 해결책을 구글 스프레드시트에 다 남겨놓았더라고요. 어떤 것을 정정했는지, 어떤 의미로 규정했는지 하는 내용이 기록으로 남아 있어서 저는 뭔가 무임승차를 하는 기분도 들었어요. (웃음) 마치 해답지를 옆에 두고 문제를 푸는 것 같았다고 할까요. 만약에 아무런 정보도 없이 저 혼자 시행착오를 거치면서 작업했다면 그 기한에 도저히 맞출 수 없었을 거예요. 저자도 그 일로 번역가들이 얼마나 당신의 작품에 애정을 가지고 꼼꼼하게 일하는지 새삼 느끼셨던 것 같아요. 그래서 작가님이 한국에 오셨을 때 (무임승차 번역가인!) 저에게도 '당신이 나의 목소리가 되어 주었다'라고 고마운 마음을 많이 표현해 주셨어요. 그럴 때 존중받는 느낌이 들고 뿌듯하죠.

에르베 르 텔리에 작가의 방한 행사.

독자들의 반응이 좋을 때 보람을 느껴요

제가 번역한 책이 독자들에게 큰 위로가 되었다는 것을 알았을 때 사람들과 연결되어 있다는 느낌이 들고 보람을 느껴요. 가깝게는 가족들이 좋아할 때 보람이 커요. 제가 어린이책을 꽤 많이 번역했는데 아이와 아이 친구들이 좋아하는 모습을 보면 특별한 보람이 있지요.

제가 번역한 책 중에 『나는 생각이 너무 많아』라는 책이 있어요. 그런데 이 책이 초기에 홍보를 거의 안 했는데 소리 소문 없이 30만 부가 팔렸어요. 이 책에서 구원을 받은 것 같다고 말하는 독자 서평이 꽤 많았고, 저자에게 직접 메일이나 SNS 메시지를 보낸 우리나라 독자들도 있었대요. 책이 출간된 지 3년 정도 되었을 무렵 저자가 한국을 방문해 교보문고에서 강연 겸 북토크를 열었어요. 저는 이 책의 번역가로서 참석했는데 거기서 독자들이 질문하고 저자와 대화하는 모습을 보고 나서야 '생각이 너무 많다'라는 게 어떤 건지 알았어요.

독자를 직접 만나지 않았으면 그 책이 어떤 사람들에게는 얼마나 인생에서 큰 의미가 있는지 몰랐을 것 같아요. 저자도 우리나라 독자를 만나서 너무 좋아하셨어요. 독자들의 환대를 받아서 많이 기뻐하셨죠. 그래서 독자들과 2차도 가시고 출판사와 편집자, 번역자가 저자와 독자의 중간 연결고리가 되어주었다고 고마워하셨어요. 그 후 출판계에서 감수성, 예민함, 신경다양성, 우뇌형, 정신적 과잉활동 등을 다루는 책이 많이 나왔어요.

『나는 생각이 너무 많아』의 저자 크리스텔 프티콜랭과 함께

CHAPTER. 06

출판번역가의 마음가짐

6장에서는?

무슨 일이든 어려움이 있게 마련이에요. 출판 번역은 어떤 어려움이 있는지, 이 일을 잘하기 위해서 어떤 노력을 해야 하는지, 꾸준히 일을 하려면 어떤 마음가짐이 필요한지 선배 번역가의 경험을 통해 미리 알아보아요.

어려움 없이 순조롭게 번역되는 책은 없어요

첫 책을 번역할 때 문장도 어렵고 내용도 생소해서 힘들다고 생각했어요. 이 책만 끝나면 다음 책은 쉬울 거라고 생각했죠. 그런데 그다음 책도 어렵더라고요. 청소년 소설은 쉽겠지, 어린이책은 쉽겠지, 했는데 아니었어요. 동일한 어려움이 있는 건 아니지만 다 그 나름대로 어려움이 있어요. 어떤 책은 기술적인 어려움이 있고, 어떤 책은 공감하지 못하는 것에서 오는 어려움이 있고, 또 어떤 책은 제가 그 연령대에서 너무 많이 와버렸기 때문에 부딪히는 어려움도 있고요. 원문이 단순하면 문장과 문장 사이에 공백이 있을 수 있어요. 그러면 그 공백의 의미나 효과에 대해 고민하게 되고, 원문이 너무 정교하면 정교한 대로 우리말로 옮길 때 어려움이 있죠. 또 어떤 책은 무난해 보이는데 다른 문화에 대해 전혀 고려하지 않고 썼기 때문에 우리나라 독자를 만나기 위해서는 수정해야 할 게 많아요. 그래서 알게 되었죠. '모든 책은 어려움의 종류가 다를 뿐, 나름대로 어려운 부분이 있고, 그 어려움을 극복할 방법을 찾아 매달릴 때 번역이라는 일에 대해서 또 새롭게 배우는 바가 있구나'하고요.

출판계 최근 동향과 사회 이슈에 귀를 기울여요

프랑스어 번역을 주로 하는 저는 프랑스 언론사와 대형 출판사 SNS 피드를 매일 보며 요즘 프랑스에서 잘 팔리는 책은 무엇인지, 어떤 이슈가 있는지 찾아보죠. 프랑스 사회에 어떤 일이 벌어지고 있는지 알고 있으면 책을 옮길 때 큰 도움이 돼요. 예를 들어 노란 조끼 운동Le Mouvement des Gilets Jaunes 당시의 뉴스를 계속 읽어왔다면 책에서 노란 조끼 운동이 언급됐을 때 바로 이해할 수 있어요. (노란 조끼 운동은 2018년 프랑스 정부의 유류세 인상을 계기로 일어난 대규모 시위로 참가자들이 차량에 긴급 상황에 대비해 비치해놓은 노란 조끼를 입고 나와서 그 이름이 붙은 거예요.) 그래서 저는 프랑스 사회가 어떻게 돌아가고 있는지 늘 어느 정도는 알고 있으려고 해요.

꼭 프랑스에만 관심을 두는 건 아니에요. 유럽은 공통된 뉴스도 많아서 때로는 이탈리아 언론, 스페인 언론이 프랑스 언론과 똑같은 기사를 실을 때도 있어요. 이렇게 유럽 사회가 공통된 관심사를 가지고 있다는 것을 아는 것도 제가 하는 일에 도움이 돼요.

시간 관리, 자기 관리를 잘해야 해요

출판번역가는 대부분 프리랜서로 일해요. 누가 일정을 짜주지 않을뿐더러 간섭하거나 감시하는 사람이 없어요. 오로지 내가 계획하고 그 계획대로 일을 해내야 하지요. 이 일은 규칙적인 작업 시간을 확보한 후 꾸준하고 일정하게 효율을 내야 해요. 오늘 못 하면 내일 하지, 이런 생각으로 일을 미뤘다가는 벼락치기가 되어버려요. 한두 권이야 어떻게 벼락치기로 마칠 수 있겠지만 그런 식으로는 이 일을 장기적으로 꾸준히 할 수 없어요.

이 일을 전업으로 하는 사람은 자신만의 지속 가능한 규칙을 찾아야 해요. 저는 몰아서 일하지 않고 매일 일정한 양을 소화하려고 해요. 물론 출판사의 사정이나 다른 일이 생겨서 바짝 몰아서 일을 할 때도 있어요. 출판 일정이 어떤 사정으로 꽤 많이 앞당겨졌다거나, 어떤 이벤트와 관련한 책은 일정에 맞춰서 내야 하죠. 하지만 그건 예외적인 경우이고, 저는 그날그날 작업의 양과 질을 일정하게 유지하려고 하는 편입니다.

CHAPTER. 07

출판번역가 이세진을 소개합니다

7장에서는?

무슨 책이든 가리지 않고 좋아했던 아이는 대학에서 철학과 프랑스 문학을 전공하며 번역의 세계에 발을 디뎠어요. 힘들어 그만두겠다는 투정도 했지만, 고백하건대 진심으로 좋아하는 일은 번역이라고 해요. 왜 그런지 책과 함께 살아온 이세진 번역가의 조곤조곤한 목소리를 들어보아요.

집에서 책만 읽었던 어린 시절

저는 특별한 재능이 있거나 머리가 좋은 아이는 아니었지만 어른들이 신기해할 만큼 문자를 빨리 깨쳤어요. 그리고 어렸을 때는 집에서 책 읽는 것밖에 하지 않았어요. 실은 제가 국민학교에 입학하기 전에 아주 큰 화상을 입었어요. 화상을 치료하고 피부이식 수술을 받고 재활을 마칠 때까지 1년 반 정도 걷지도 못하고 집안에서만 생활했어요. 그때 제 친구가 되어준 게 책이었어요. 비유적인 의미가 아니라 현실이 그랬어요. 유치원도 못 다니고 집에 틀어박힌 저를 위해 어머니는 책을 정말 많이 사주셨어요. 제가 종일 책을 읽으면서도 지루해하지 않고 다른 애들처럼 밖에 나가서 놀고 싶다고 칭얼거리지도 않으니까 좋아하는 책이라도 실컷 보라고요.

책은 가리지 않고 만화책이든 소설이든 책이라면 뭐든지 다 읽었어요. 제가 어렸을 때는 어린이책이 지금처럼 다양하지 않았어요. 국내 창작물은 아주 적었고 계몽사나 삼성당 같은 출판사에서 외국 동화나 소설을 번역한 전집이 있었어요. 학교에 들어가기 전이었으니까 정확히 그 나이에 맞는 책은 별로 없었지만 사실 그때는 내 나이에 맞는 책을 읽어야 한다는 개념도 없었어요. 그냥 읽을 수 있으면 다 읽었던 것 같아요. 그리고 시간은 많은데 가진 책은 한계가 있으니까 읽었던 책을 읽고, 또 읽고, 반복해서 읽었어요. 책이 저에게는 시간을 보내는 유일한 방법이었죠.

저는 외출하고 싶다거나 사람들을 만나고 싶다는 욕구가 크지 않은 편이에요. 어쩌면 그때 이미 지금 제 모습의 여러 가지가 결정됐구나 싶은 생각도 들어요. 글을 읽는 작업 자체에 별로 지치지 않는 것도 아주 어릴 때 그렇게 살아봤기 때문일지도 몰라요.

대학 다닐 때 프랑스 문학에 재미를 느꼈어요

대학에서는 철학을 전공했어요. 제가 고등학생이던 1990년대에는 프랑스 문학이 우리나라에서 많이 출판되었어요. 저는 당시에 프랑스 번역 문학을 많이 읽은 편이어서 프랑스 철학이나 프랑스어에 자연스럽게 관심이 갔던 것 같아요. 시몬 드 보부아르나 사르트르도 저는 그들이 쓴 소설을 통해서 처음 접했어요.

대학 다닐 때 영화 동아리 활동을 했는데 영화 용어 중에 프랑스어가 많더라고요. '미장센mise en scène'이라든가 '몽타주montage'라든가. 그런데 프랑스어는 묵음이나 연음이 있어서 문외한에게는 단어를 발음하는 법 자체가 어렵잖아요. 그래서 프랑스어를 소리내어 읽을 수 있는 정도로만 배워보려고 했는데 그 언어가 생각보다 재미있고 적성에 맞았어요. 그래서 부전공으로 프랑스 문학을 하게 됐어요.

학부 시절 전공인 철학과 관련된 작업은 늘 지적 자극을 줍니다.

번역과 인연을 맺은 대학원 시절

프랑스 문학을 전공하기 위해 대학원에 진학했는데, 학문을 계속하겠다든가 하는 구체적인 계획이 있었던 건 아니고 그냥 '재미있으니까 한 번 가볼까?'하는 마음이었죠. 대학원에서 조교 생활을 할 때 조교실에 전화가 한 통화 걸려 왔어요. 어느 출판사인데 아르바이트로 초벌 번역할 대학원생을 구한다는 거였죠. 그때 오만 가지 아르바이트를 열심히 할 때여서 그냥 바로 전화기에 대고 "제가 할게요!"하고 지원했어요. 그렇게 번역 아르바이트를 시작했는데, 그 출판사에서 제가 번역한 것을 보고 그냥 그대로 제 이름으로 출판을 하자고 제안했어요. 사실 저는 제 이름으로 책이 나온다는 생각은 전혀 없었고 정말 아르바이트로만 생각했거든요. 어쨌든 출판사에서 저를 좋게 봐주신 셈이니 기분 좋은 일이었지만 그때까지만 해도 번역가가 될 마음은 없었어요. 대학원 졸업하고 다른 선배들처럼 프랑스 유학을 가고 싶었어요. 그런데 제가 바로 유학을 갈 형편이 안 돼서 어떤 회사에 들어갔는데 그때 어렴풋이 저는 회사 생활보다 프리랜서가 적성에 맞는 것 같다고 생각했어요.

짧은 프랑스 유학 후 번역가의 길로

회사 다니면서 모아둔 돈으로 프랑스에 갔어요. 막상 가서 보니까 공부가 단기간에 끝날 것 같지 않고 그렇다고 일을 하면서 박사 과정을 할 수 있을 것 같지 않았어요. 프랑스는 학비는 거의 들지 않지만 생활비가 필요하고 이공계가 아니면 장학금을 받기도 쉽지 않아요. 누구는 박사학위를 받는 데 7년이 걸렸다, 그것도 일찍 끝낸 사람이고 10년 넘게 걸린 사람도 많다, 이런 얘기들을 들으면서 제가 그렇게 오랜 시간 일과 공부를 병행할 수 있을지 냉정하게 생각했어요. 그래서 1년 정도 어학 공부하고 관심 있는 과목들을 청강하고 한국으로 돌아왔어요.

처음엔 출판사에서 일하는 지인들, 전에 인연을 맺은 출판사들에 연락해서 번역 의뢰나 다른 사람의 번역을 원문 대조하는 아르바이트를 받았어요. 제가 번역한 책이 몇 권 나온 다음부터는 제가 먼저 일을 구하지 않아도 의뢰가 들어와 번역가로 자리를 잡는 데 크게 힘든 점은 없었어요. 그때부터 지금까지 20년 이상 저는 일을 쉰 적이 없어요.

힘든 순간도 있었어요

제가 번역가가 되고 나서 얼마 지나지 않아 일어났던 일이에요. 제가 어떤 책에서 오역을 했고, 그걸 다른 번역가가 지적했어요. 그런 지적을 받으니까 제 역량이 부족한 것 같다는 절망감이 들더라고요. 그런 실수를 했다는 것도 수치스럽고 '내가 이 일을 하면 안 되는 사람인가?'하는 자괴감도 들고 하여간 너무너무 괴로웠어요. 생각해 보면 그때 '제가 잠시 착각해서 오류를 저질렀습니다'하고 실수를 빠르게 인정하고 바로잡으면 되는 일이었어요. 물론 그렇게 인정하고 출판사에 사과도 하고 잘 처리하긴 했어요. 문제는 제 감정이었어요. 제가 그때 산후우울증과 불면증이 심했던 때라서 뭔가 세상이 무너지는 것 같고 그냥 죽고만 싶은 과장된 감정에 휩싸였었죠. 지금 돌아보면 그때 1, 2년 쉬었어도 일을 다시 할 수 있었을 것 같은데 당시에는 겨우 자리를 잡았는데 지금 일을 손에서 놓으면 안 된다는 생각이 커서 일을 쉬는 걸 지나치게 두려워했던 것 같아요.

삶의 궤적을 따라 온 책

저는 아이를 낳고 나서 처음으로 어린이책을 작업하게 됐어요. 사실 그전에는 성인 대상 도서만 작업했는데 엄마가 되고 보니 어린이책 작업이 너무 소중하더라고요. 특히 그림책을 번역해서 아이랑 그 책을 같이 읽을 때, 특별한 기쁨이 있었어요. 어떻게 보면 제 아이가 제가 번역한 그림책의 첫 번째 독자였던 거예요. 또 아이가 자라 사춘기가 되었을 때 청소년 소설을 번역하면서 그 또래 아이의 마음은 이렇고 행동은 이렇다는 것을 이해하는 데 도움이 됐어요. 4년 정도 시부모님과 함께 살 때는 묘하게도 노년에 관한 책을 많이 번역했어요. 우리나라가 고령화 사회를 맞이했고, 독서 인구도 나이가 들면서 40, 50대 독자들이 중요해졌기 때문에 노년에 관한 책이 그때 출판계에서 갑자기 좀 많아졌어요. 일본도 그렇지만 유럽도 우리보다 먼저 고령화 사회를 맞아 관련 외서들이 꽤 있었죠. 그렇게 번역 작업으로 접하는 책들을 통해서 제가 제 삶에 대해서 이해하게 되는 부분이 있었어요. 다양한 책을 번역하는 게 제 삶을 덜 지치게 하고 재미가 있다고 말하는 이유도 같은 맥락이에요.

앞으로 하고 싶은 일도 번역이에요!

빈말처럼 “나 그만둘래” 소리는 많이 했지만 진심은 아니었던 것 같아요. 일 자체는 항상 재미있거든요. 그때도 그렇고 지금도 그래요. 그래서 일을 잘 못해서 자괴감이 들 때도, 일과 육아를 병행하기가 너무 힘들 때도, 너무 좋아하는 일이라 그만두지는 못하겠더라고요. 사실 번역에 대한 비판을 받으면 오히려 ‘더 정신 차려서 해야지, 한 번 더 확인하고 한 번 더 생각해야지’라고 마음 자세를 달리하고 일을 더 소중하게 생각하게 되는 면도 있어요.

저는 앞으로도 번역을 하고 싶어요. 그런데 고민은 있죠. 일단 AI의 등장이라는 사회적 변화가 있고요. 개인적으로는 책상에 앉아서 하는 일을 너무 오래 했기 때문에 오는 건강 문제가 있고요. 사실, 지적인 능력도 예전만 못하다고 느끼곤 해요. 대화를 나누다가 어떤 명사가 생각나지 않아서 “그게 뭐지? 왜 있잖아, 그거”라고 묻는다든가 할 때요. 일을 하면서도 느끼는 게, 전에는 원문을 보면 바로바로 문장이 떠올랐는데 지금은 오히려 속도가 느려진 것 같아요. 역어를 고를 때도 약간 버퍼링이 걸리는 느낌?

그래서 이제 신체적, 정신적 한계를 인정하고 차차 여유를 가지고 일을 해야 할 것 같아요. 하루에 두세 시간 정도, 문장을 좀 더 곱씹으면서, 일 년에 두어 권 정도 하면 어떨지 생각하죠. 하지만 일을 아예 그만둘 생각은 없어요. 여전히 번역은 저에게 즐거운 일이니까요. 남는 시간에 몸으로 하는 일을 해볼까도 생각해요. 화초를 가꾼다거나 요리한다거나 하는 식으로 다른 사물을 직접 손으로 만지고 몸을 움직이면서 하는 일 말이에요.

여러 언어 판본을 비교하면서 작업할 때의 책상 풍경.

CHAPTER. 08

10문 10답

8장에서는?

앞에서 미처 해결하지 못한 궁금증을 해결하는 시간! 이 직업을 가진 사람들이 가진 독특한 습관은 무엇인지, 번역도 저작권이 있는지, 출판 번역의 미래는 어떨지, 번역의 세계에 다가가기 좋은 책은 무엇인지, 이런 질문에 대한 답을 들어보아요.

QUESTION 01

책 한 권을 번역하는 시간은 얼마나 걸리나요?

번역가마다 작업하는 속도가 다르고, 책의 분량에 따라 달라서 얼마나 시간이 걸린다고 말하기는 어려워요. 저의 경우를 얘기하면 가벼운 분량의 책은 한 달 정도, 소위 벽돌 책이라고 불리는 500쪽 이상의 책은 두세 달 안에 끝내려고 해요.

작업하는 동안에는 그 책에 대해서 계속 생각을 하는데 한 권을 너무 오래 잡고 있으면 힘들더라고요. 그래서 시간을 정해두고 웬만하면 그 안에 해결하려고 해요. 물론 찾아야 할 정보도 많고 해결할 과제가 많은 책을 기한 내에 마무리하려면 압박감도 있어요. 그런데 책 한 권이 밀리면 다음 책도 밀리니까 출판사에 전화해서 일정 조정하는 게 더 귀찮아요. 그래서 정해놓은 기한과 순서를 지키려고 해요.

QUESTION 02

직업적인 습관이 있나요?

저는 취미가 독서예요. 번역할 책이 아니라도 평소에 책을 많이 읽는 편인데, 읽다 보면 어느새 오, 탈자를 찾거나 교정을 보고 있어요. 이건 출판계에서 일하는 사람이라면 아마 대부분 그럴 거예요. 그리고 저는 더 나아가서 번역서를 볼 때 '이 단어의 원어가 뭘까? 이 단어의 표현은 어디서 나왔지?' 이런 생각을 할 때가 많아요. 그러다가 '내가 왜 이걸 궁금해하고 있지?'하고 반문할 때가 있어요. 그냥 재미로 읽는 책이고 그걸 몰라도 독서에 별 지장이 없는데 말이에요.

저는 그렇지 않은데 동료 번역가 중에는 본인이 원하는 대로 일하는 환경이나 도구가 갖춰져야 집중할 수 있다는 사람들이 꽤 많아요. 저는 웬만하면 원서나 원문을 인쇄한 종이를 보고 번역하는 게 편한데, 스크린을 반드시 두 개 놓고서 한쪽 화면에 원서를 띄우고 다른 쪽 화면에 번역문을 써야 일이 잘된다는 사람도 있어요. 자신만의 습관이나 루틴인 거죠. 자기가 몰입하기 좋은 환경에 대한 고집이라고 할까요.

QUESTION 03

프랑스어는 어떤 매력이 있나요?

사람들은 프랑스어가 낭만적이지만 어렵다고 생각하는데, 저는 프랑스어가 낭만적인지 잘 모르겠어요. 관념적인 면이 어렵기도 하지만 어떤 면에서는 텍스트를 읽을 때 영어보다 명료하다고 생각해요. 그리고 프랑스 사람들의 실제 말투는 약간 따지는 듯한 어조랄까, 운율감은 확실히 있지만 딱히 듣기 좋다거나 그런 건 잘 모르겠어요. 다만, 프랑스어 시 낭송이나 노래는 느낌이 또 달라요. 각운을 살릴 때, 그리고 노래를 할 때는 일상 대화에서 거의 발음되지 않던 단어 맨 끝의 'e'에 강세와 길이가 실리면서 극적인 효과가 생기지요. 특히 샹송은 음악에 가사를 붙이기보다는 말에 음을 붙인 느낌이랄까, 음유시인의 전통과 닿아 있는 곡들이 많아서 말 자체가 특히 아름답게 들리는 것 같아요. 어쨌든 프랑스어는 아름답고 우아하고 다소 여성적인 이미지가 있는데 저는 이 언어가 관념적이면서도 명료하고 문학뿐만 아니라 과학의 도구로도 적합한 면이 있다고 생각해요.

프랑스에서는 대중을 위한 철학 에세이가 많이 출간되는 편입니다.

우리나라 책의 예쁘고 개성있는 표지는 외국 저자들도 좋아한답니다.

QUESTION 04

스트레스 해소는 어떻게 하세요?

일 자체에서 느끼는 스트레스는 많지 않은 편이에요. 일을 제대로 하기 힘든 환경이 되었을 때 스트레스를 받죠. 프리랜서는 유급휴가, 병가, 휴직과 복직, 실업급여 이런 제도의 바깥에 있기 때문에 어떤 일이 생겨도 약속한 작업을 기한 내에 해내야 한다는 스트레스가 커요.

스트레스가 쌓였을 때는 일본 추리 소설처럼 가벼운 책을 읽어요. 내가 고민할 필요 없는 책을 읽으면 머리가 좀 가벼워지는 느낌이에요. 저에게 독서가 늘 먹는 밥이라면 가끔은 새로운 반찬을 먹는 것처럼 새로운 일을 찾아서 스트레스를 풀기도 해요. 좀 더 어렸을 때, 그러니까 이 일을 처음 시작할 때는 순정만화를 그리는 취미가 있었어요. 한동안은 공연을 열심히 보러 다녔고, 다른 외국어를 배우는 데 빠져 있기도 했어요. 그때그때의 '덕질'이 스트레스 해소에 도움이 되는 것 같아요. 몰두하는 대상은 계속 달라지지만요.

자주는 못 가지만 요즘은 미술관에 가는 게 그렇게 좋아요. 혼자 다니거나 마음 맞는 친구 한 명 정도랑 다니니까 비로소 그림을 제대로 볼 여유가 생기더라고요. 유난히 마음을 끄는 그림 앞에서 좀 오래 멍하니 바라보는 그 느낌이 좋아요. 공연장이나 영화관에서 보내는 시간도 좋지만 이제 저는 '빵빵한' 음향이 좀 괴롭기도 해요. 그리고 공연이나 영화는 그 자체의 흐름이 있으니까 약간 떠밀려가는 기분이 들 때가 있어요. 그런데 그림은 제가 멈추고 싶으면 멈추고 빨리 지나치고 싶으면 그렇게 해도 되니까 저만의 호흡으로 즐길 수 있어서 좋아요.

QUESTION 05

번역도 저작권이 있나요?

번역도 원저작물을 바탕으로 한 2차 저작물로 인정되기 때문에 번역자는 자신의 번역물에 대해 저작권을 가져요. 그러나 번역물은 원저작물에 의존하는 것이라 원저작권자의 권리가 존중되어야 해서 번역자가 번역물을 상업적으로 이용하거나 배포하려면 원저작권자의 동의가 필요하죠. 그리고 현실적으로는 번역가의 권리를 포괄 양도하는 조건으로 계약서를 쓸 때가 많지요.

번역 저작권 계약은 보통 기한이 있어요. 책이 나온 후로부터 5년 정도를 기한으로 정하고, 이 기한이 지나면 책이 남아도 판매할 수 없어요. 모든 책이 그런 것은 아니지만 생존 작가의 작품인 경우는 대체로 이 정도의 기한으로 번역 출판 계약을 해요. 그런데 저작권이 소멸한 작품은 번역을 위한 별도의 허가 없이 자유롭게 번역할 수 있어요. 일반적으로 저작권 보호 기간은 저작자가 사망한 후 70년간 유지돼요. 보호 기간이 끝난 이후에는 번역 등 2차 저작물 제작이 자유로워지죠.

QUESTION 06

출판번역가의 미래를 어떻게 예상하세요?

출판 산업 분야가 어떻게 변화할지 예측이 어렵긴 하지만 번역이라는 일이 사라지지는 않을 것이라고 예상해요. 그러나 지금 저와 다른 번역가들이 하는 것처럼 이 일이 처음부터 끝까지 사람의 눈과 머리와 손을 거쳐서 이루어지지는 않을 것 같아요. 여러분도 알다시피 AI를 활용한 번역이 상당한 수준에 이르렀기 때문이에요. 저는 AI가 출판물을 모두 번역할 수 있을 거라고 봐요. 그런데 번역의 수준과 결과라는 측면에서 보면 과연 AI가 인간이 번역하는 것보다 나을 수 있을지, 혹은 비슷한 방식으로 번역할 수 있을지는 아직 잘 모르겠어요. 특히 문학의 경우는 더 그렇죠.

각기 다른 두 언어는 일대일로 대응하지 않아요. 출발어인 한 단어가 하나의 도착어로 번역되는 게 아니라 문맥에 따라 다른 단어로 번역될 수 있어요. 또 글은 그 언어가 사용되는 문화권의 문화를 반영하고 있어요. 문화도 마찬가지로 일대일로 대응하지 않죠. 그래서 번역가는 적절한 도착어를 찾고 우리에게는 낯선 문화를 가능하면 독자가 이해할 수 있도록 변화를 가해요. 그런 면에서 보면 출판번역가는 외국어로 된 글을 읽고 이해한 내용과 내 마음속에 그려진 심상을 우리글로 다시 쓰는 거예요. 저는 그렇게 어떤 장면을 우리글로 다시 쓰는 단계는 두 언어를 잘하고 양쪽 문화를 잘 아는 인간이 —적어도 당분간은— 더 잘 소화할 수 있지 않나 생각해요.

그렇지만 기술 번역뿐만 아니라 본격적인 문학 번역도 AI를 활용하는 방향으로 변화할 것 같다는 생각은 해요. 기계 번역은 속도라는 면에서 뛰어나지만 교묘한 오역이 나온다든가 하는 식으로 아직까지는 정확성이 떨어져요. 그 한계를 보완하는 역할은 결국 인간이 할 수밖에 없지요. 사실 AI 번역은 한 해 한 해가 다르게 발전하고 있어서 뭐라고 말하기가 어려워요. 데이터를 더 많이 학습하면 그 한계가 정말 미미해질지도 모르지요. 어쨌든 출판 번역도 그 영향에서 자유로울 수 없을 거예요.

QUESTION 07

오역이라고 지적받으면 어떻게 하나요?

실제로 번역이 좀 잘못됐을 수도 있고 번역가가 억울한 경우도 있고 그래요. 한국어가 모국어인 작가들도 한국어로 쓴 문장이 어색하거나 뜻이 모호할 때도 있잖아요. 번역서도 마찬가지로 원작자가 그렇게 쓴 것을 번역했을 뿐인데, 번역 과정에 오류가 있어서 이해가 되지 않는 거라고 오해하기도 해요. 그리고 언어의 차이가 만들어내는 번역의 한계도 분명히 존재해요. 독자들도 이런 한계를 어느 정도는 의식했으면 해요.

책 한 권이 번역되어 나올 때는 여러 가지 사정이 있게 마련이에요. 어떤 사람이 오역이라고 주장하는 바가 누군가에게는 심사숙고한 선택의 결과일 수도 있어요. 물론 진짜로 번역을 잘못한 경우도 있지요. 번역이 잘못되었다는 걸 알았을 때는 빠르게 인정하고 바로잡는 게 최선이에요. 하지만 선택에 잘못된 부분이 없다면 더 이상 신경 쓰지 않아요.

QUESTION 08

영상 번역은 출판 번역과 어떻게 다른가요?

영상 번역은 영화, 드라마, 다큐멘터리, 유튜브 영상 등 시청각 자료를 번역하는 작업이에요. 대사를 자막으로 넣거나 더빙할 수 있도록 번역하죠. 영상 번역의 특징은 영상물의 흐름과 각 장면을 시청자가 잘 이해할 수 있도록 번역해야 한다는 거예요. 영상의 길이와 자막 길이에 제한이 있기 때문에, 정확한 의미 전달과 간결함 사이의 균형을 맞추는 게 중요하죠. 또한 대사와 장면이 자연스럽게 연결되어야 하고요. 영상 번역의 또 다른 특징은 언어로 모든 것을 전달할 필요가 없다는 거예요. 언어 표현만으로는 이해하기 어려운 내용이라도 영상을 보면서 해소되는 부분이 많기 때문이에요. 또 출판 번역처럼 정제되고 우리말로 순화된 문장을 구사해야 한다는 부담은 적어요.

QUESTION 09

옮긴이의 말은 왜 쓰나요?

독자들이 역자 후기를 보고 책을 사는 경우가 꽤 있다고 해요. 아무래도 역자는 그 책을 가장 열심히 읽고 깊이 생각한 사람 중 한 명이니까 역자의 글이 독자의 이해를 돕는 면이 있겠지요. 그래서 출판사에서도 역자 후기를 필수 사항처럼 요구하는 경우가 많은데, 책에 따라서는 너무 쥐어짜는 느낌으로 쓰게 되고 스트레스가 되기도 해요. 그렇지만 역자 후기를 잘 활용하는 번역가들도 많답니다. 사실 역자가 그 책에 대해서 말할 수 있는 유일한 창구가 역자 후기잖아요. 역자가 개인적 소회를 드러낼 수도 있고요. 번역가도 기본적으로는 글을 쓰는 사람이기 때문이겠지만, 그러한 지면에서 필력이나 이야기꾼으로서의 재능을 드러내는 분들이 있답니다. 그런 분들은 나중에 역자가 아닌 저자로서 책을 내기도 하고요.

QUESTION 10

번역과 관련해 추천하고 싶은 책이 있나요?

번역에 관한 책은 꽤 많이 나와 있어서 조금만 관심이 있다면 본인이 원하는 책을 어렵지 않게 찾아서 읽을 수 있어요. 이희재 선생님이 쓰신 『번역의 탄생』(교양인출판사, 2009년)은 번역학을 공부하는 사람들, 출판번역가들이라면 대부분 한 번은 봤을 책이에요. 이 책을 출간할 당시에 이희재 선생님은 20여 년간 번역가로 왕성한 활동을 하고 계셨어요. 두 개의 언어 사이에서 고민하고 갈등하는 번역가의 모습, 외국어를 한국어로 번역하면서 알게 된 한국어의 고유한 개성과 특성 등 번역가라면 공감할 만한 내용이에요. 번역과 관련된 일을 하지 않더라도 책을 좋아하는 사람이라면 번역서를 많이 접하게 마련이기 때문에 흥미있게 읽을 수 있을 거예요.

영어 번역가를 꿈꾼다면 윤영삼 선생님이 쓰신 『갈등하는 번역』(크레센도, 2023년)이라는 책도 추천해요. 번역은 선택하고 결정하는 과정이에요. 사실은 여러 가지 선택지를 놓고 갈등 속에서 선택하는 거죠. 이 책은 좋은 번역을 말할 수 있는 어느 정도의 기준도 제시하고 있어요. 그리고 저 같은 프랑스어 번역가에게는 로렌스 베누티가 쓴 『번역의 윤리』(열린책들, 2006년)와 데이비드 벨로스의 『번역의 일』(메멘토, 2021년)이라는 책을 추천해요. 로렌스 베누티와 데이비드 벨로스 두 사람은 프랑스어-영어 번역가예요. 프랑스어를 우리말로 옮길 때에는 영어를 옮길 때와는 또 다른 특수성이 있어요. 이 두 책은 프랑스어의 특수성과 그에 따른 문학적, 문화적 특수성이 프랑스어를 출발어로 삼는 번역가에게 어떻게 작용하는지 잘 말해주고 있어요. 그래서 제가 참고할 수 있는 내용도 많고요.

가끔 있는 북토크는 예쁜 책방이나 도서관을
방문하는 기회가 되기도 해요.

CHAPTER. 09

나도 출판번역가

다음 예문을 어린이책의 한 페이지라고 생각하면서 우리말로 옮겨보세요. 여기서 여러분에게 모범답안을 제시하지는 않습니다. 다만, 다음 질문에 비추어 스스로 번역문을 수정해보았으면 합니다.

① 너무 어려운 단어가 있지는 않은지, 다른 뜻으로 읽힐 위험은 없는지 살펴보세요.

② 번역문을 소리내어 읽어보세요. 입에 잘 붙고 자연스러운 운율감이 있는지 생각하면서 고칠 수 있는 부분은 고쳐보세요.

③ 그림과 글을 함께 보면서 그림과 글이 어울리지 않거나 어색한 부분이 없는지 살펴보세요.

THE LITTLE RED HEN An Old English Folk Tale
Retold and Illustrated
by FLORENCE WHITE WILLIAMS

The Saalfield Publishing Company Chicago - Akron, Ohio - New York

PRINTED IN U. S. A.

The Little Red Hen

A Little Red Hen lived in a barnyard. She spent almost all of her time walking about the barnyard in her picketty-pecketty fashion, scratching everywhere for worms.

She dearly loved fat, delicious worms and felt they were absolutely necessary to the health of her children. As often as she found a worm she would call "Chuck-chuck-chuck!" to her chickies.

When they were gathered about her, she would distribute choice morsels of her tid-bit. A busy little body was she!

A cat usually napped lazily in the barn door, not even bothering herself to scare the rat who ran here and there as he pleased. And as for the pig who lived in the sty—he did not care what happened so long as he could eat and grow fat.

One day the Little Red Hen found a Seed. It was a Wheat Seed, but the Little Red Hen was so accustomed to bugs and worms that she supposed this to be some new and perhaps very delicious kind of meat. She bit it gently and found that it resembled a worm in no way whatsoever as to taste although because it was long and slender, a Little Red Hen might easily be fooled by its appearance.

초등학생의 진로와 직업 탐색을 위한 잡프러포즈 시리즈 56

출판번역가는 어때?

2025년 11월 27일 초판 1쇄

지은이 | 이세진
펴낸이 | 김민영
펴낸곳 | 토크쇼

편집인 | 박성은
표지 디자인 | 이희우
본문 디자인 | 책읽는소리
홍보 | 이예지

출판등록 2016년 7월 21일 제 2023-000173호
주소 | 서울시 마포구 월드컵북로98, 2층 202호
전화 | 070-4200-0327
팩스 | 070-7966-9327
전자우편 | myys327@gmail.com
ISBN | 979-11-94260-66-0(73190)
정가 | 13,000원